AF233601

RÉFLEXIONS,

SUR LE MOMENT PRÉSENT,

OFFERTES A LA CONVENTION NATIONALE,

PAR F. LEPELLETIER.

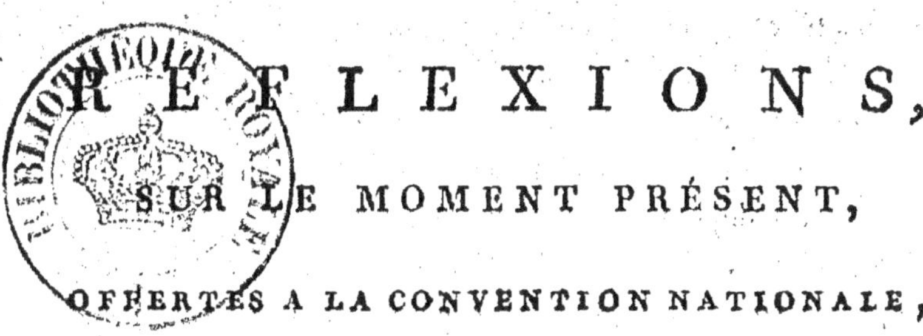

> Le siècle le plus barbare n'est pas celui où
> il y a le plus d'impétuosité dans les actions,
> mais le plus de fausseté dans les sentimens.
> *Voyage du jeune* ANACHARSIS.

LES républicains par principes se disent chaque jour sur les débris des trônes, sur les ruines de la tyrannie; élevons la morale, c'est-à-dire, la démocratie ; car toutes deux se soutiennent l'une par l'autre. C'est-là le vœu qu'ils ne se lassent pas de former, de présenter au monde, de faire germer dans leurs propres cœurs. Dans cette idée, ils voyent l'espérance d'un bonheur certain pour l'humanité, un pas bien grand fait vers la perfection sociale : ainsi ils y attachent tous leurs soins, toutes leurs facultés, leurs pensées, leurs plaisirs, leur ambitieuse récompense. Que leur en reviendra-t-il ? peut-être l'ingratitude des hommes ; car la méchanceté et la médiocrité pardonnent rarement, l'une à la probité ; et toutes deux au vrai mérite. Seront-ils, par ces causes, arrêtés dans leurs carrières ? Non, la mort même ne pourroit les anéantir ; ils auront existé, et l'impulsion est déjà donnée. Sur la coupe même où Socrate a bu la ciguë, l'œil de l'homme de bien attache fixement sa vue ; il en redoute peu les miasmes d'injustices et de douleur ; il cherche avec avidité l'impression des lèvres de ce grand homme ; il prendroit le même breuvage d'une main sûre, et partageroit sans trouble, la fin d'un mortel que sa vie et le tombeau ont rendu immortel. Les méchans respecteront-ils cette paix sépulchrale, ce sommeil de la mort ? Non, ce seroit encore un vain espoir, car si le bien commande un grand caractère, le mal est mu par le fanatisme. Ainsi les méchans poursuivront l'ombre même de l'homme juste : mais je l'ai déjà dit ; l'impulsion est donnée, les vérités mises au jour ne rentrent plus dans le néant, elles font pâlir le crime à qui il ne reste d'autres ressources que dans l'hypocrisie.

Un cri public vient de se faire entendre, c'est le cinquième depuis la révolution. Des mânes chers ont trésaillis près de moi ; j'ai dû remplacer un homme, j'ai pris la plume.

Tout annonce une révision politique. En vain des lois terribles enchaîneroient pour un moment l'essor de la révolution. En vain une écorce trompeuse recouvriroit des visages perfides.

C'étoit une maxime de la politique des anciens tyrans : qu'un peuple heureux est indocile ; et que pour contenir dans la soumission ce qu'ils dédaignoient sous le nom de multitude, il falloit l'appauvrir.

En vain les tyrans coalisés tenteroient-ils par la pénurie des subsistances et la corruption individuelle, d'atténuer le phisique et le moral d'un grand peuple ; toutes les factions se seroient-elles données la main pour anéantir la vieille conjuration formée pour la liberté , la démocratie triompheroit encore du royalisme et de l'aristocratie.

Je n'irai point parler de quelques hommes en parlant des événemens de nos jours. Je ferai seulement remarquer que, un peu plus tôt un peu plus tard , l'homme qui a marqué dans la révolution , a péri par le poignard, l'échafaud, le poison, ou a fui dans un exil politique. Le système rétréci de détruire la révolution par ses défenseurs a toujours été suivi , et quelque supérieur à cette trame que se soit montré le peuple français, par le nombre de grands caractères qui ont paru depuis cinq ans , ce système subsiste encore. J'ajouterai que ces mêmes défenseurs portant envie réciproquement à leur gloire se sont empressés de se détruire les uns , les autres ; mais que le mouvement démocratique règne toujours.

Je dirai aussi que l'étranger nous suit à la piste, qu'il abuse de notre bonne foi , qu'il dirige par des ressorts sur les éclats révolutionnaires , que lui-même élève tel homme défenseur ardent de la liberté, pour l'ennivrer dans les délices des louanges publiques ou dans la coupe du pouvoir , et le plonger ensuite dans le précipice de l'intérêt personnel, dont il est donné à peu d'hommes de savoir se tirer.

Je dirai aux patriotes , éclairons le peuple ; ne quittons jamais cette ligne droite qu'il nous sera si glorieux d'avoir parcouru ; soutenons la démocratie, car c'est à elle qu'est attaché le bonheur des Français et la gloire de la révolution ; soutenons-la , par les principes, et cette fois encore , elle l'emportera sur le royalisme et l'aristocratie.

Mais vous, représentans du peuple, dont l'ame ne doit être accessible, pendant votre mission, qu'au seul amour de la patrie ; persuadez-vous bien des piéges qui vous sont tendus; armez-vous contre vous-mêmes. Ici une fortune brillante vous sera offerte; ce n'est pas encore assez; là, une compagne remplie de charmes vous offrira sa main, un manteau facile pour cacher des foiblesses, et emploiera le manége de la séduction pour triompher de votre vertu civique.

De simples liaisons couvrent encore de nouveaux piéges, et sous les fleurs de la première ville du monde, sont cachés les piéges des ennemis de la patrie Ici, dans l'épanchement prétendu d'une société choisie ou plutôt conspirante, on arrache de vous un soupir, des regrets, non sur la mort des défenseurs de la patrie égorgés par les stipendiés des rois, mais sur des époques funestes de la révolution. On vous saisit alors, le lacet est jetté, vous êtes captifs, vous devenez complices, car, vos paroles sont promulguées; on vous attire de nouveau, on obtient quelques foiblesses encore et quel prix n'y mettroit-on pas ! on veut assassiner la liberté. Mais ne vous y trompez pas, ils vous feroient trahir la patrie ; et ils vous trahiroient ensuite: ô vous tous citoyens qui avez admiré et servi la révolution, sous quelque époque que ce soit, la royauté vous dresse des échaffauds; et vous qui vous êtes arrêtés dans la révolution, qui avez chassé sur vos ancres, par la force de la démocratie; cessez de vouloir lutter contre la nature ; les élémens commandent, la démocratie doit triompher.

Ce n'est pas un des moindres maux peut-être de notre existence que des hommes célébres ayent écrit en faveur des gouvernemens mixtes. Que de mal-intentionnés se sont appuyés de leur autorité! que d'hommes foibles se sont raccrochés à eux! combien ces autorités qui ne sont pas exclusives pour l'homme qui pense par lui-même, ont été points d'appui pour les contre-révolutionnaires ou révolutionnaires à l'eau tiède; tandis que celui qui a voulu réfléchir, a vu clairement que ces hommes tels que Rousseau, Mably, Voltaire, Montesquieu, &c. partis du despotisme et voulant faire arriver les hommes à la démocratie, ont dû leur offrir des points de passage, un gîte, un repos dans les voyages de la pensée. Il en est de même du moral que du physique; je vous en atteste, ô vous Cook, la Peyrouse, vous n'eussiez peut-être pas entrepris le tour du monde, si vous n'eussiez connu des points intermédiaires, des relâches heureux où la pensée et le corps pouvoient reprendre haleine.

Ainsi le Cap de Bonne-Espérance fut presque toujours le point intermédiaire des nouvelles découvertes autour du globe; ainsi notre premier pas vers la liberté, inspiré par ces grands hommes cités plus haut, fut l'état mixte; telle fut donc dans notre révolution, la constitution de 91; mais le citoyen qui voulut penser, sentit dès cette époque que cet état précairement constitutionnel n'étoit qu'un lieu de passage, et que l'inutilité d'un pouvoir royal exécutif, démontrée jusqu'à l'évidence, amèneroit sans crise et par la force du temps, la démocratie à une époque prochaine, fixée même pour révision de cette première constitution. Chaque événement, dit Mably lui-même, prépare celui qui doit le suivre; c'est ainsi qu'à Rome la loi qui permit aux Plébéiens de parvenir au tribunal militaire, annonce qu'ils seront un jour consuls.

Mais qui eut pu croire alors qu'un individu, un roi à qui une grande nation avoit pardonné une désertion honteuse, eut pu se rendre coupable peu de temps après du crime d'armer les citoyens les uns contre les autres, en provoquant à la guerre civile et la suscitant.

Cependant laissons cet homme atteint par la loi; n'insultons même pas à ses malheurs, à sa faute, remarquons seulement que c'est à cette faute à qui nous devons dix ans plutôt la république, la démocratie.

Les esprits n'étoient pas encore mûrs; il fut donné seulement au génie, au courage, à l'intrépidité, d'entreprendre une tâche aussi forte; le besoin étoit impérieux, le danger évident, le salut du peuple fut la loi suprême, et la patrie triompha. Les forts portèrent le fardeau, les foibles suivirent, les traîtres furent entraînés ou gardèrent le silence; cependant ils cherchèrent à entraver le char. O vous défenseurs de la démocratie, honorables victimes, vous avez jonché de vos corps l'arêne où vous vous étiez lancés, recevez ici un regret du sentiment, vous mourûtes pour la démocratie; vertueuse fin ! quelle est digne d'envie !

Si Mably, Rousseau, Voltaire, Montesquieu et tant d'autres hommes célébres qui ont écrit en faveur des gouvernemens mixtes, eussent vécu et parlé sous l'assemblée constituante, il est démontré à l'homme qui pense que ç'auroit été vers la démocratie qu'ils auroient dirigé nos idées et nos pas.

Faut-il rappeler des principes bien connus? faut-il redire que l'état social est un sacrifice que l'homme fit de sa liberté naturelle; qu'il le fit à la seule, mais puissante voix de la morale, seule vraie religion qui lui demande de se vaincre lui-même, de préférer le bonheur de ses semblables au sien propre; et comme le disoient les an-

'ciens sages : Dieu créa l'homme et le monde , mais l'homme créa la vertu, la morale, une même chose. Oui, il faut rappeler ces grandes vérités; il faut dire qu'elles furent les bases d'où partirent les vrais philosophes; il faut disséminer tellement les principes qu'on puisse les ramasser à chaque pas; il faut qu'ils centralisent tous les esprits; il faut, lorsque d'autres cherchent à avilir l'espèce humaine, la relever, l'exhalter, porter l'homme au détachement de lui-même, à la perfection sociale; oui, il faut redire toutes ces choses, car la vérité ne fut jamais mieux comparée qu'à ces gouttes d'eau qui tombant sans cesse à la même place et pendant des siècles immenses, finissent par percer et traverser le granit le plus dur. Cœur humain, serez-vous plus dur que les rochers! Vérité, serois-tu moins puissante que la constante goutte d'eau.

Celui qui sera convaincu des principes ci-dessus ne pourra penser autrement, que la démocratie est l'état que l'homme doit préférer en société, puisque c'est dans celui-là qu'il aliène le moins ses droits naturels, où l'égalité existe le plus, et dont il n'y a de retranché, pour ainsi dire, que l'égoïsme de la force et la brutalité des besoins. Où l'homme sans craindre l'entrave des préjugés de la naissance et sans être accablé par l'orgueil des richesses, peut développer son industrie, son intelligence, ses talens, son courage, ses vertus.

Les écrivains célèbres dont j'ai déjà parlé pensoient tellement comme je viens de le dire, que malgré que dans leurs ouvrages ils semblent toujours pencher en faveur du gouvernement mixte et lui donner la préférence, on peut remarquer de quelle chaleur brillent les divers passages de leurs écrits en faveur de la liberté pure, de l'égalité, de la démocratie. Ainsi s'écrie le vieillard de Fernay :

> Les hommes sont égaux ; ce n'est pas la naissance,
> C'est la seule vertu qui fait la différence.

Je sais aussi tout ce qui a été dit contre la démocratie ; combien elle a été représentée dangereuse même pour la liberté, par cela qu'elle offroit une lice facile à l'ambition tribunitienne, et de-là à l'idolatrie d'un grand talent. Mais tous ces raisonnemens, tous ces lieux communs des partisans des gouvernemens mixtes se sont baissés contre cette réponse : instruisez les peuples, l'ignorance seule est fatale dans les républiques démocratiques. Instruisez-nous, fut le second cri du peuple français, après celui qu'il jetta contre la tyrannie ; instruisez-nous, répète-t-il ; il commence à peine à l'espérer ; car on pourroit penser qu'on a retenu jusqu'à ce moment une partie des citoyens dans l'ignorance, pour opposer à leurs justes prétentions, au moins , une espèce de raison , et anéantir la démocratie.

Cependant, qu'on n'aille pas inférer de ce que je dis qu'il faille être un Loke , un Helvétius , un Descartes , à mon avis, pour pouvoir être membre d'un gouverment démocratique. Au contraire , la science élevée porte à chercher , à douter et à douter encore. L'opinion des plus grands philosophes fut divisée même par leurs sectaires, et le stoïcisme et épicuréïsme sont partis de la même source.

Tout au contraire dans l'exécution d'un gouvernement démocratique tout doit avoir été prévu , la ligne tracée, il ne faut plus que la suivre sans biaiser, et pour l'exécuter il ne faut pas de grandes lumières.

Ce qui doit servir de base fondamentale à tous les gouvernemens, et sur-tout au pacte démocratique, c'est la simplicité. Il en seroit d'un tel gouvernement trop recherché, trop délicat, trop savament compliqué, comme souvent de ces machines si ingénieuses qui plaisent, séduisent d'abord sur le récit de l'inventeur persuadent même sur des diminutifs d'effets , mais qui viennent à échouer lors de la grande organisation , soit par la diminution de puissance des leviers ou la délicatesse ou la multiplicité des ressorts.

Le jour où on auroit voulu adapter un gouvernement démocratique à un peuple jetté depuis des siècles dans le moule monarchique qui en avoit encore toutes les formes privées et publiques : ce jour, dis-je , où on auroit voulu adapter à ce peuple, sans réformer le corps social, un gouvernement démocratique, ce jour seroit un jour d'erreur.

Mais celui où , faute d'énergie, on rejetteroit cette forme de gouvernement, par cela seul que l'on n'osera pas entreprendre de réformer un peuple dans sa vie privée, dans ses habitudes, dans ses défauts mêmes, dans ses vices; ce jour sera celui d'une plus forte erreur ; les premiers avoient fait au moins un pas vers le bien, et ceux-ci le reculeroient.

Un grand espoir reste aux partisans de la démocratie, c'est de voir que l'on s'occupe des lois organiques de la constitution, et que sans doute elles porteront moins sur le fond de cette constitution, que sur l'organisation des hommes qui doivent la pratiquer, et qui doivent jouir de sa bienfaisante simplicité et de sa puissante égalité.

Qu'on attente donc pas à la démocratie, et s'il est quelques réformes à faire dans la constitution de 93, qu'elles ajoutent, au contraire, à la représentation et à la justice immédiates; que ces réformes prescrivent des sacrifices aux riches et soulagent le pauvre ; car nous sommes encore un vieux corps qu'il faut régénérer, et c'est surtout, je ne crains pas de le répéter, encore dans l'eau limpide de la simplicité, que nous devons être retrampés.

Je n'irai point non plus, abusant de l'esprit d'un grand homme, proposer à l'homme de retomber sur ses bras, de marcher à quatre pattes, et amant de la nature, me lancer dans le délire ou un enthousiasme peu réfléchi.

Je n'irai point encore offrir à de grands talens, quelques foibles lumières sur les réformes à faire dans la vie privée, les habitudes, le commerce, les plaisirs, les arts du peuple français ; cinq années de la plus inconcevable réussite, des succès les plus étonnans, n'ont-elles pas dû enhardir le philosophe timide, et l'éprouvette révolutionnaire n'a-t-elle pas excédé tous les résultats connus. D'ailleurs, celui qui porte en son cœur l'amour de la révolution, me devinera sans peine ; c'est un sixième sens qui n'est donné qu'à ceux-là seuls qui gémissant sur les malheurs inséparables du plus grand événement du monde, en savent aussi discerner la splendeur et l'utilité pour l'avenir.

Je m'attache donc seulement à combattre pour la démocratie, quand je vois que déjà quelques opinions portent atteinte à la constitution qui en émane et qu'on semble vouloir nous donner une propension vers le gouvernement mixte ; or, je pense qu'il ne sera pas hors de propos de citer contre ce système de gouvernement et à l'appui de la démocratie, les divisions qui affligèrent long-temps un peuple célèbre, dont les convulsions politiques n'eurent d'autre source que cette lutte sans cesse renaissante entre la démocratie et l'aristocratie.

Celui qui réfléchira sur les tourmentes politiques, en doit

conclure, ce me semble, que quand un peuple a obtenu enfin, le *nec plus ultra* de ses espérances, c'est-à-dire, la démocratie, il en jouira paisiblement, sans secousses, sans crises, sans convulsions ; et que celles-ci n'arrivent, au contraire, que quand on cherche à restreindre ce peuple dans sa marche, ou à lui arracher ce qu'il a su conquérir.

J'ai dit qu'il falloit s'instruire à l'exemple d'un grand peuple, je le nomme, ce sont les Romains; sans doute, des objections vont m'être faites, et plus d'un censeur spécieux s'écriera : eh ! qui prétendez-vous suivre, qui sera votre guide? qui croirez-vous après tant de siècles, lorsqu'à peine de nos jours, on trouve un publiciste qui rende sans passion, le soir les séances du matin de la convention nationale ? Pensez-vous que les vainqueurs du monde, ces Romains, si Romains, fussent malgré leur grandeur, plus exempts que nous de l'esprit de parti. A cela, voici ma réponse : je ne m'attache pas aux détails, aux nuances des partis, mais à la masse des faits et je ' ai ; qu'il est constant que depuis l'expulsion des Tarquins, il y eut une lutte perpétuelle entre le sénat et le peuple ; que celui-ci arracha successivement par la force de son droit et avec une dignité bien ravalante pour ce sénat si fameux, la plupart des lois qui les mirent de pair dans les emplois du gouvernement ; et malgré les victimes nombreuses immolées à la jalousie du sénat et livrées par l'inconstance du peuple, il n'en est pas moins certain que l'empire de la tyrannie à Rome date pour l'homme clairvoyant, du moment où le sénat se voyant le peuple égalé à lui, aima mieux ramper sous un maître pris dans son corps, et par le moyen duquel il croyoit reprendre son autorité, son ancienne suprématie, que mar-

cher d'égal à égal avec ceux qu'il ravaloit du nom de
Plébéiens. Entre qui balance ce sénat ? entre Pompée et
César ; mais tous deux Patriciens voulant l'autorité suprême ; celui-là y aspire par le sénat, celui-ci par le
peuple ; car l'esprit de parti fut porté à un tel excès,
que le peuple égaré n'eut plus qu'à hésiter sur le choix
d'un maître, et la majorité naturelle devoit l'emporter
sur toute politique quelqu'habile qu'elle fut. O majorité
du peuple ! combien souvent vous avez dérouté les savans
et remis ces fameux politiques à l'a b c, dont ils se
croyoient si éloignés.

Que Rome donc nous serve d'exemple ! et quoique la
vertu de Caton décore le parti vaincu, il n'en est pas
moins vrai que c'est une véritable aristocratie sénatoriale
qui le fait pencher pour Pompée, lorsqu'il le redoute plus
que César... A César vainqueur, Caton oppose la mort, et se
soustrait ainsi à la tyrannie ; mais à Pompée vainqueur, et
qu'il soutenoit, qu'eut opposé celui qui avec raison, s'offensa
des formes arbitraires de Cicéron contre Catilina même ?
Oui il est constant que celui qui étudie de bonne foi les
peuples, leurs lois, leurs gouvernemens, leurs révolutions
dira qu'il y eut lutte constante entre le sénat et le peuple
Romain, tant que dura la république : que cette lutte prit
son origine dans ce que la démocratie ne fut pas établie
dès l'origine de la république ; du moment où, des deux
premiers consuls, l'un fut pour l'aristocratie sénatoriale,
et l'autre faisant baisser ses faisceaux devant le peuple
assemblé, en reconnut solennellement la souveraineté.

Que doit-on conclure naturellement de ces grands exem-
ples ? c'est qu'il faut nous soustraire aux maux qui nous
sont connus. Qu'il faut éviter de la part des partisans des
gouvernemens mixtes un code décemviral dont la rigueur

aigrissante et l'aristocratie loin de contenir les peuples ne feroient que leur faire ensanglanter le poignard de Virginius. Ainsi les partisans du système mixte doivent éviter une retraite du peuple sur le mont sacré, fatale pour eux-mêmes autant que pour la prospérité publique.

Il faut éviter encore que la tardive mais juste postérité pour les hommes célèbres, soit réduite à verser des larmes amères, mais cachées, sur la tombe de nouveaux gracques ou celle d'autres Sidney. Le vrai moyen d'échapper aux tourmentes politiques est d'organiser tout de suite ce qu'on ne sçauroit conquérir un jour : car il est dans la destinée d'un grand peuple en révolution de renverser tous les obstacles, de briser toutes les barrières, et d'atteindre le but qu'il s'est proposé.

Tous les peuples, ou presque tous ceux qui ont secoué le joug de leurs tyrans sont arrivés à la démocratie ; et s'ils y ont presque toujours aussi trouvés leur perte, c'est que jamais il ne s'est trouvé des hommes assez purs pour bien l'organiser, et qu'au contraire des ambitieux ont tourné les circonstances à leur profit ou à la perte du peuple.

La question de savoir si la démocratie convient mieux à un peuple est donc résolue aux yeux de tout homme de bonne foi. Appellons-en maintenant à la sensibilité seule, et elle se résoudra encore bien facilement par cette réflexion. Que de victimes tombées tout autour du char de la liberté, soit de ceux qui le tiroient ou de ceux qui le retenoient ! Combien n'en tomberoit-il pas encore un jour, si nous reculions maintenant !

O ! non, n'abusons jamais les peuples, le moment où leurs yeux se décillent est toujours celui de la colère, et peut-on réfléchir de sang froid sur celle d'une grande population.

Et vous qui par un sentiment que je ne préjuge pas, ou tout au moins dont je n'infère pas contre vous, que je veux même attribuer à de bons motifs : vous que cet article de la déclaration des droits offusque tant, celui qui garantit si affirmativement au peuple le droit d'insurrection, dites : ne pensez-vous pas que le meilleur moyen d'éviter ces insurrections des peuples, si terribles souvent dans leurs déchiremens ou tout au moins alarmantes pour la tranquillité, n'est pas d'ôter au peuple tout prétexte de soulèvement en lui donnant tout de suite ce qui lui appartient. Ouvrons l'acte d'indépendance de l'Amérique libre, rédigé par des philosophes qui en le faisant, ont préparé l'évangile universel des peuples, et nous y lirons : *L'expérience de tous les tems démontre que les hommes sont plus disposés à souffrir, tant que les mots sont supportables, qu'à se faire droit à eux-mêmes en détruisant les formes auxquelles ils sont accoutumés.* Le moment prouve à *fortiori* ces sages réflexions. Songeons aux maux de la France et voyons son courage. Tant de vertus seroient-elles vaines !

Soyez donc aussi pour une démocratie bien simple, et demandez qu'on instruise les peuples, de manière à ce que jouissant de la plénitude de leurs droits, ils ne violent aucun devoir, et trouvent même à les remplir une jouissance dont la nature a placé le germe dans le cœur de l'homme, et que la morale seule a la puissance de développer. Arrivons-là, et je vous assure contre toutes les insurrections, à moins que par suite des temps la corruption se glissant dans le corps politique, ne vint à le décomposer. Alors vous seriez, je l'espère, de la minorité pure et courageuse, qui, révoltée de la turpitude publique, s'insurgeroit contre une majorité coupable. Vous aimeriez mieux périr que de survivre à la honte de votre pays. Le sentiment de mourir libres vous épargne

roit, croyez-moi, les angoisses du dernier instant de l'existence, si la vertu toutefois avoit à subir le joug du crime.

En m'adressant à plusieurs opinions émises, depuis quelque
temps, c'est cependant à vous plus particulièrement, que
je présente ces réflexions, vous représentans du peuple fran
çais, et à ceux de vous qui d'après un décret s'occupent
des loix organiques de la constitution. Attestez à la postérité,
à l'Europe étonnée les progrès de l'esprit humain, en con-
solidant la démocratie. Ne vous dissimulez pas qu'il faut pour
cela, dans les mœurs publiques, porter des réformes salutai-
res et nécessaires. Ne prêtez point l'oreille à ces cris pusilla-
nimes, et même dépourvus d'humanité et de raison, qui cherchent à vous inspirer quelque effroi, quelque méfiance. Ré-
pétez-nous souvent combien il est bas de flatter le maître de
l'opinion publique pour dominer sous lui. Dites qu'il est plus
glorieux de mourir avec Phocion, que de gouverner avec Pé-
riclès.

Le gouvernement qui consolidera le plus une nation, est
celui où chacun ne voit rien au-dessus de lui que la loi, et
rien au-dessous que le crime, où la richesse n'est pas con-
sidérée comme partie nécessaire de la valeur réelle des hommes ; et ce gouvernement sagement combiné, puissamment
exécuté se défendra assez lui-même par ses bienfaits, pour
qu'on ne redoute pas les insurrections partielles et les tem-
pêtes politiques.

Si d'autres sont surpris que j'aie osé entreprendre cette
tâche si imposante de vous parler au nom de la patrie, et
pour son bonheur, vous n'en serez point étonnés, vous lé-
gislateurs qui me vîtes près du corps sanglant de mon frère,
votre collègue, jurer haine à la royauté et dévouement à mon
pays.

Vous le croirez aussi sans peine, vous qui, par un concours

autant public que touchant, vintes verser des pleurs sur les manes d'un homme juste, et essuyer les miens.

C'est près de tes restes, ô mon frère, que j'écrivois ceci, et quoiqu'enlevés du temple de la gloire, ils ne m'en inspiroient pas moins pour la patrie. Que d'autres se détournent avec affectation, fuient les tombes qu'ils disent leur être chères, moi j'aime à y revenir souvent, à confondre ensemble, à fortifier l'un par l'autre ces deux sentimens qui embrassent mon existence, le bonheur de mon pays démocratique, et le souvenir de mon frère.

A PARIS,

De l'imprimerie de R. VATAR et ass. rue de l'Université, n° 926.